VICTOR SE VERLORE VLIEGTUIG

VICTOR SE VERLORE VLIEGTUIG

CORNELIA FABERGE

CruGuru

VICTOR SE VERLORE VLIEGTUIG

Oorspronlike uitgawe in Engels verskyn onder die titel *Victor's Missing Airplane* (CruGuru, 2014). Afrikaanse vertaling (2021) deur Lakisha le Roux.

Uitgegee deur CruGuru in 2021

www.cruguru.co.za

Johannesburg

Victor se Verlore Vliegtuig

Victor speel graag buite met sy klein rooi radio-beheerde vliegtuigie wat hy vir sy laaste verjaardag as geskenk van sy ouers ontvang het. Saterdagoggend is Victor na die oop veld agter sy huis om met sy vliegtuig te vlieg.

Hy kan al redelik goed met die klein rooi vliegtuig vlieg en kan dit regkry om allerhande draaie en lusse in die lug daarmee te maak. Hy kan selfs die vliegtuig sover kry om veilig op die grond langs hom te land sodra hy klaar gespeel het.

.

Op hierdie spesifieke Saterdagoggend besluit Victor om te sien hoe hoog hy die klein rooi vliegtuig in die lug kan laat opgaan. Hy onthou dat sy pa vroeër vir hom gesê het om nie die vliegtuig te hoog te laat vlieg nie, maar hy besluit om nie sy pa se raad te volg nie, want hy wil net graag sien hoe kragtig sy klein vliegtuigie is. "Wat kan regtig verkeerd gaan?" dink hy.

Hy trek aan die radio se beheerstok aan om die vliegtuig hoër te laat vlieg. Die dapper klein vliegtuigie gaan net op, op en op in die lug. Dit vlieg steeds hoër en hoër, en dit gaan nou hoër as wat Victor nog ooit voorheen daarmee gevlieg het. Namate die vliegtuig hoër in die lug opgaan, word dit in Victor se oë al hoe kleiner totdat dit net 'n klein rooi spikkeltjie in die lug is.

.

Die klein rooi vliegtuig begin al nader aan 'n na-
bygeleë berghelling beweeg en Victor draai dit weg
om 'n ongeluk teen die rotse te vermy. Skielik sien
Victor hoe iets anders vinnig na sy vliegtuig beweeg.
Dit lyk soos 'n groot voël – veel groter as sy klein
vliegtuigie.

Die volgende ding wat Victor sien, is net die voël –
sy vliegtuigie is nie meer in die lug nie! Hy kyk ver-
wonderd hoe die voël na die berghelling beweeg en
êrens op 'n rotslys land.

Victor kan sy vliegtuig nog steeds nêrens in die lug sien nie. Sy eerste gedagte is dat die voël in sy vliegtuig moes vasgevlieg het en dat die vliegtuig grond toe moes geval het. Maar hy het nie eens gesien dat sy vliegtuig uit die lug val nie.

Hy stap nader aan die berghelling en soek op die grond in daardie gebied vir enige tekens van 'n radio-beheerde vliegtuig wat neergestort het. Na meer as 'n uur se rondsoek kan hy egter geen teken van die vliegtuig vind nie.

Uiteindelik besluit Victor om met leë hande huis toe te gaan.

"Wat is verkeerd, Victor?" vra sy pa toe hy die trane in Victor se oë sien. Victor vertel alles wat gebeur het aan sy pa.

"Ek wonder of die groot voël nie dalk jou klein vliegtuig in sy kloue uit die lug gegryp en saamgeneem het berg toe nie," sê sy pa. "Kom ons gaan kyk of ons dit kan kry."

Victor en sy pa stap na die plek waar hy vroeër gespeel het, en Victor wys vir sy pa waar die vliegtuig vermis geraak het.

"Gelukkig is dit nie te hoog nie," sê Victor se pa. "Ek kry net gou my stapskoene en dan klim ek vinnig daarheen om te kyk of ek jou vliegtuig kan raaksien."

Terwyl Victor se pa teen die berghelling opklim, staan Victor angstig en toekyk. Met sy hele hart hoop hy regtig dat sy pa die vliegtuig sal kan vind en dat dit nog in een stuk sal wees, maar hy dink dat die kans dat dit sal gebeur, baie skraal gaan wees.

Toe Victor se pa 'n plek teen die berghelling be-
reik, ongeveer op die hoogte waar die vliegtuig voor-
heen verdwyn het, verskyn daar skielik 'n groot voël
wat direk na Victor se pa vlieg, terwyl die voël na sy
pa se kop mik.

"Pasop, Pa!" skree Victor van onder af. Victor se
pa lig sy arm op om sy kop te beskerm en die groot
voël vlieg verby hom en verdwyn dan agter 'n paar
rotse in.

Hierna sien Victor hoe sy pa se hand vinnig na 'n lysie op die berghelling reik en iets gryp, maar dit is te ver vir Victor om te sien wat dit is. Sy pa steek die voorwerp in sy sak en begin teen die berg af-klim.

Die groot voël verskyn weer en vlieg na sy pa toe.

"Pasop, Pa!" waarsku Victor weer van onder. "Hier kom daardie groot voël alweer!"

Maar hierdie keer, toe die voël opmerk dat Victor se pa besig is om teen die berg af te klim, vlieg hy net weg en verdwyn weer.

Toe sy pa weer op die grond te lande kom, storm Victor hom tegemoet. "Wat het jy gekry, Pa?" roep hy opgewonde. Sy pa steek sy hand in sy sak en dit kom tevoorskyn met Victor se klein rooi vliegtuig!

"Dankie, Pa! Baie dankie!" skree Victor opgewek.

"Daardie groot voël was net 'n ma-arend met 'n nes daarbo met 'n paar babavoëltjies binne-in," sê Victor se pa. "Sy wou net haar kleintjies beskerm en sy het gedink dat die vliegtuig hulle sou seermaak. Daarom het sy dit gegryp – maar gelukkig het sy dit in een stuk neergesit. Ek sien dat jou vliegtuig 'n paar skrapies het, maar ons kan dit net nog 'n laag rooi verf gee en dit sal weer soos nuut lyk."

"Ek is so bly," sê Victor. "Nou kan ek weer vlieg! Maar ek het my les geleer. Ek sal die vliegtuig nooit weer so hoog in die lug laat opgaan nie!"

www.ingramcontent.com/pod-product-compliance
Lightning Source LLC
Chambersburg PA
CBHW060644030426
42337CB00018B/3446